Audio Visual Language, Inc.

CIUDADANÍA AMERICANA

Inglés en Español

NUEVO EXAMEN

AVLANGUAGE.COM

Audio Visual Language, Inc.

INDICE

INTRODUCCIÓN

<u>Felicidades y bienvenidos a Ciudadanía Americana, Inglés en Español.</u>

Audio Visual Language Inc., es una Empresa establecida desde 1978 dedicada a la enseñanza y divulgación de los idiomas; aplicando un gran enfásis a la creación de sistemas prácticos, fáciles y rápidos en oposición a los sistemas tradicionales con grandes complicaciones gramaticales.

En Ciudadanía Americana Inglés en Español se ha aplicado la técnica de transliteración, que en este caso no es más que la representación de los sonidos del idioma inglés con los símbolos o letras del Alfabeto Castellano, de forma tal que leyendo la pronunciación como si fuera Español estará hablando Inglés.

Esto facilita en gran modo el aprendizaje y memorización de las preguntas y respuestas que a su vez con la práctica, perfeccionará su pronunciación.

Es importante que tenga presente que este libro sólo pretende ayudarlo a que le sea más fácil y ameno la preparación para adquirir la tan ansiada Ciudadanía Americana, pero que debe estar consciente que uno de los requisitos para ser Ciudadano de USA., es que usted pueda hablar, leer y escribir Inglés, por lo que no es solamente que aprenda de memoria las preguntas de Historia y forma de Gobierno de USA.

Por nuestra convicción de la importancia de dominar el idioma Inglés es que nuestra Empresa ha producido variados programas de aprendizaje con la seguridad de que alguno se ajusta a su necesidad y condición personal llevandolo al logro del dominio del idioma Inglés, de forma tal que pueda complementar la felicidad de ser Ciudadano de los Estados Unidos y sentir el orgullo de dominar la lengua del País que lo ha adoptado.

Permítanos manifestarle, que el haber seleccionado Ciudadanía Americana Inglés en Español, como el vehículo que lo llevará a obtener el logro propuesto de convertirse en Ciudadano de USA., ya de por sí nos llena de felicidad por que hemos podido cumplir nuestro objetivo de ayudarlo a Ud., que es la persona más importante para nuestra Empresa.

Gracias y bienvenido a nuestra familia y sobre todo que aproveche su inversión.

ABECEDARIO - PRONUNCIACIÓN

A	(éi)
B	(bi)
C	(sí)
D	(dí)
E	(i)
F	(ef)
G	(yí)
H	(éich)
I	(ái)
J	(yéi)
K	(kéi)
L	(él)
M	(ém)
N	(én)
O	(óu)
P	(pí)
Q	(kiú)
R	(ar)
S	(es)
T	(tí)
U	(iú)
V	(ví)
W	(dobliú)
X	(ex)
Y	(uaí)
Z	(zzdí)

REQUISITOS PARA ADQUIRIR
LA CIUDADANÍA AMERICANA

- Haber cumplido los 18 años de edad al momento de llenar la aplicación para la naturalización (forma N-400)
- Haber sido admitido legalmente como residente permanente de los Estados Unidos.
- Al tiempo de llenar la aplicación para la Naturalización, haber sido Residente permanente de Los Estados Unidos por 5 años consecutivos, o por lo menos 3 años si su cónyuge es Ciudadano Americano y Ud. reune todos los requerimientos de elegibilidad.
- Demostrar continuidad de residencia permanente y presencia física.
- Demostrar buen carácter moral.
- Demostrar apego a los principios e ideales de La Constitución de Los Estados Unidos.
- Demostrar habilidad de hablar, leer, escribir y entender el inglés básico.
- Demostrar conocomientos básicos de historia, gobierno y principios cívicos de Los Estados Unidos.
- Prestar juramento de lealtad a Los Estados Unidos.

COMPONENTES DEL
NUEVO EXAMEN DE NATURALIZACIÓN

El nuevo examen de naturalización está compuesto de dos partes fundamentales:

I – Examen de Cívica
- Este a su vez está compuesto de:

Gobierno Americano
A. Principios de La Democracia Americana.
B. Sistema de Gobierno.
C. Derechos y Responsabilidades del ciudadano.

Historia de Los Estados Unidos
A. Período Colonial e Independencia.
B. Los años 1800s.
C. Historia Americana reciente y otras informaciones históricas importantes.

Cívica Integrada
A. Geografía
B. Símbolos
C. Feriados

Continue.....

II – Examen de Inglés
* Este a su vez está compuesto de:

Examen oral.
Poder demostrar comunicación básica del inglés y responder preguntas que generalmente están relacionadas con la aplicación forma N-400.

Examen de lectura.
El aplicante leerá no más de tres oraciones, el aplicante deberá leer correctamente de 1 a 3 oraciones. El USCIS ha entregado un vocabulario para que el aplicante se prepare, este vocabulario según el USCIS contiene todas las palabras del examen de lectura este vocabulario se enfoca en los temas de cívica e historia. Más adelante le proveeremos dicho vocabulario.

Examen de escritura
El examen de escritura no contiene más de tres oraciones. El aplicante debe escribir de una a tres oraciones correctamente para demostrar su capacidad de escribir en inglés. El USCIS ha proveído un vocabulario para ayudar al aplicante a prepararse para el examen, este vocabulario se enfoca en los temas de cívica e historia.

Continue.....

Vocabulario de Lectura
- Este a su vez está compuesto de:

PEOPLE
- Abraham Lincoln
- George Washington

CIVICS
- American flag
- Bill of Rights
- Capital
- Citizen
- City
- Congress
- Country
- Father of Our Country
- Government
- President
- Right
- Senators
- State/states
- White House

PLACES
- America
- United States
- U.S.

HOLIDAYS
- Presidents' Day
- Memorial Day
- Flag Day
- Independence Day
- Labor Day
- Columbus Day
- Thanksgiving

QUESTION WORDS
- How
- What
- When
- Where
- Who
- Why

Continue.....

VERBS
- can
- come
- do/does
- elects
- have/has
- is/are/was/be
- lives/lived
- meet
- name
- pay
- vote
- want

OTHER (CONTENT)
- colors
- dollar bill
- first
- largest
- many
- most
- north
- one
- people
- second
- south

OTHER (FUNCTION)
- a
- for
- here
- in
- of
- on
- the
- to
- we

Continue.....

Vocabulario de de escritura
- Este a su vez está compuesto de:

PEOPLE
- Adams
- Lincoln
- George Washington

CIVICS
- American
- Indians
- capital
- citizens
- Civil War
- Congress
- Father of Our Country
- flag
- free
- freedom of speech
- President
- right
- Senators
- state/states
- White House

PLACES
- Alaska
- California
- Canada
- Delaware
- Mexico
- New York City
- United States
- Washington
- Washington, D.C.

MONTHS
- February
- May
- June
- July
- September
- October
- November

Continue.....

HOLIDAYS
- Presidents' Day
- Memorial Day
- Flag Day
- Independence Day
- Labor Day
- Columbus Day
- Thanksgiving

OTHER (CONTENT)
- blue
- dollar bill
- fifty/50
- first
- largest
- most
- north
- one
- one
- hundred/100
- people
- red
- second
- south
- taxes
- white

VERBS
- can
- come
- elect
- have/has
- is/was/be
- lives/lived
- meets
- pay
- vote
- want

OTHER (FUNCTION)
- and
- during
- for
- here
- in
- of
- on
- the
- to
- we

Las 100 Preguntas y Respuestas de cívica (historia y sistema de gobierno) para el examen de Naturalización.

▶ Algunas de las preguntas tienen más de una respuesta correcta, en esos casos todas las respuestas aceptables han sido presentadas aquí.

▶ Si Ud. tiene 65 años de edad o más y hace 20 años o más que es residente permanente legal de los Estados Unidos, puede estudiar solamente las preguntas que han sido marcadas con un asterisco (*).

AMERICAN GOVERNMENT

A: PRINCIPLES OF AMERICAN DEMOCRACY.

A: PRÍNSIPELS OV AMÉRIKEN DEMÓCRASI.

A: PRINCIPIOS DE LA DEMOCRACIA AMERICANA.

QUESTION # 1 » PREGUNTA # 1

Inglés

What is the supreme law of the land?

Pronunciación

¿Uát is de suprím ló ov de land?

Español

¿Cuál es la ley suprema de la nación?

ANSWER # 1 » RESPUESTA # 1

Inglés	Pronunciación	Español
The Constitution.	**de Konstetúshon.**	La Constitución.

QUESTION # 2 » PREGUNTA # 2

Inglés

What does the Constitution do?

Pronunciación

¿Uát dos de Konstetúshon du?

Español

¿Qué hace la Constitución?

Inglés

Sets op the Góvernment.

Pronunciación

Sets op de góvernment.

Español

Establece el gobierno.

Inglés

Defines the government.

Pronunciación

Difáins de góvernment.

Español

Define el gobierno.

Inglés

Protects basic rights of Americans.

Pronunciación

Protéks béisik ráits ov Amérikens.

Español

Protege los derechos básicos de los Americanos.

QUESTION # 3 » PREGUNTA # 3

Inglés

The idea of self-government is in the first three words of the Constitution. What are these Words?

Pronunciación

De aidía ov self-góvernment is in de férst zríi uérds ov de Konstetúshon. ¿Uát ar dis uérds?

Español

La idea del auto-gobierno está en las primeras tres palabras de la Constitución. ¿Cuáles son esas palabras?

ANSWER # 3 » RESPUESTA # 3

Inglés	Pronunciación	Español
We the People.	**Uí de Pípol.**	Nosotros el Pueblo.

QUESTION # 4 » PREGUNTA # 4

Inglés

What is an amendment?

Pronunciación

¿Uát is an amédment?

Español

¿Qué es una enmienda?

ANSWER # 4 » RESPUESTA # 4
Two Correct Answers » Dos Respuestas Correctas

Inglés

A change to the Constitution.

Pronunciación

E chéinch tu de Konstetúshon.

Español

Un cambio a la Constitución.

Inglés

An addition to the Constitution.

Pronunciación

An adíshon tu de Konstetúshon.

Español

Una adición a la Constitución.

QUESTION # 5 » PREGUNTA # 5

Inglés

What do we call the first ten amendments to the Constitution?

Pronunciación

¿Uát du uí kol de férst ten améndments tu de Konstetúshon?

Español

¿Cómo nombramos las primeras diez enmiendas a la Constitución?

ANSWER # 5 » RESPUESTA # 5

Inglés	Pronunciación	Español
The Bill of Rights.	De Bil ov Ráits.	La Declaración de Derechos

QUESTION # 6 » PREGUNTA # 6*

Inglés

What is one right or freedom from the First Amendment

Pronunciación

¿Uát is uán ráit or frídom from de Férst Améndment?

Español

¿Cuál es un derecho o libertad de La Primera Enmienda?

ANSWER # 6 » RESPUESTA # 6*

Five Correct Answers » Cinco Respuestas Correctas

Inglés	Pronunciación	Español
Speech.	Spích.	Expresión.
Religion.	Rilíyon.	Religión.
Assembly.	Asémbli.	Reunion.
Press.	Prés.	Prensa
Petition the Governmen.	Petíshon de Góvernment.	Hacer peticiones al Gobierno.

QUESTION # 7 » PREGUNTA # 7

Inglés

How many amendments does the Constitution have?

Pronunciación

¿Jáu méni améndments dos de Konstetúshon jáv?

Español

¿Cuántas enmiendas tiene La Constitución?

ANSWER # 7 » RESPUESTA # 7

Inglés	Pronunciación	Español
Twenty-seven (27).	**Túenti-séven (27).**	Veintisiete (27).

QUESTION # 8 » PREGUNTA # 8

Inglés

What did the Declaration of Independence do?

Pronunciación

¿Uát did de Declaréishon ov Indepéndens du?

Español

¿Qué proclamó La Declaración de Independencia?

ANSWER # 8 » RESPUESTA # 8

Three Correct Answers » Tres Respuestas Correctas

Inglés

Announced our independence from Great Britain.

Pronunciación

Anáunsd áuar indepéndens from Gréit Bríten.

Español

Proclamó nuestra independencia de Gran Bretaña.

Inglés

Declared our independence from Great Britain.

Pronunciación

Dikléard áuar indepéndens from Gréit Bríten.

Español

Declaró nuestra independencia de Gran Bretaña.

Inglés

Said that the United States is free from Great Britain.

Pronunciación

Sed dat de lúnaired Stéits is frí from Gréit Bríten.

Español

Dió a conocer que Estados Unidos es libre de Gran Bretaña.

QUESTION # 9 » PREGUNTA # 9

Inglés

What are two rights in the Declaration of Independence?

Pronunciación

¿Uát ar tú ráits in de Declaréishion ov Indepéndens?

Español

¿Cuáles son dos derechos en La Declaración de Independencia?

ANSWER # 9 » RESPUESTA # 9

Three Correct Answers » Tres Respuestas Correctas

Inglés	Pronunciación	Español
Life.	**Láif.**	Vida.
Liberty.	**Líberti.**	Libertad.
Pursuit of happiness.	**Persút ov jápines.**	Busqueda de la felicidad.

QUESTION # 10 » PREGUNTA # 10

Inglés

What is freedom of religion?

Pronunciación

¿Uát is frídom ov rilíyon?

Español

¿Qué es libertad de religion?

ANSWER # 10 » RESPUESTA # 10

Inglés

You can practice any religion, or not practice a religion.

Pronunciación

Iú Kan práktes éni rilíyon, or nat práktes e rilíyon.

Español

Usted puede practicar cualquier religión, o ninguna.

QUESTION # 11 » PREGUNTA # 11*

Inglés

What is the economic system in the United States?

Pronunciación

¿Uát is de económik sístem in de lúnaited Stéits?

Español

¿Cuál es el sistema económico de Estados Unidos?

ANSWER # 11 » RESPUESTA # 11*

Two Correct Answers » Dos Respuestas Correctas

Inglés	Pronunciación	Español
Capitalist economy.	**Cápitalest ecónomi.**	Economía capitalista.
Market economy.	**Márket ecónomi.**	Economía de Mercado.

QUESTION # 12 » PREGUNTA # 12

Inglés

What is the "rule of law"?

Pronunciación

¿Uát is do "rul ov ló"?

Español

¿Qué es "El estado de derecho"

ANSWER # 12 » RESPUESTA # 12
Four Correct Answers » Cuatro Respuestas Correctas

Inglés

Everyone must follow the law.

Pronunciación

Evriuán most fálo de ló.

Español

Todos tienen que seguir la Ley.

Inglés

Leaders must obey the law.

Pronunciación

Líders most obéi de ló.

Español

Los Líderes tienen que obedecer La Ley.

ANSWER # 12 » RESPUESTA # 12
Four Correct Answers » Cuatro Respuestas Correctas

Inglés

Government must obey the law.

Pronunciación

Góvernment most obéi de ló.

Español

El Gobierno tiene que obedecer La Ley.

Inglés

No one is above the law.

Pronunciación

No uán is abóv de ló.

Español

Nadie está por encima de La Ley.

Continue.....

B: SYSTEM OF GOVERNMENT.

B: SÍSTEM OV GÓVERNMENT.

B: SISTEMA DE GOBIERNO.

QUESTION # 13 » PREGUNTA # 13*

Inglés
||||||||||||||||||||||||||

Name one branch or part of the government.

Pronunciación
||||||||||||||||||||||||||||||||||||||||||

Néim uán bránch or part ov do góvernment.

Español
|||||||||||||||||||||||||||

Nombre una rama o parte del gobierno.

ANSWER # 13 » RESPUESTA # 13*

Six Correct Answers » Seis Respuestas Correctas

Inglés	Pronunciación	Español
Congress	Kóngress.	Congreso.
Legislative.	Leyesleítiv.	Legislativo.
President.	Président.	Presidente.
Executive.	íkxekíutív.	Ejecutivo.
The courts.	De kórts.	Las cortes.
Judicial.	yudíshel.	Judicial.

QUESTION # 14 » PREGUNTA # 14

Inglés
|||||||||||||||||||||||

What stops one branch of government from becoming too powerful?

Pronunciación
||||||||||||||||||||||||||||||||||||||

¿Uát stóps uán bránch ov góvernment fróm bikóming tú páuerful?

Español
|||||||||||||||||||||||||

¿Qué detiene a una rama del gobierno de tener demasiado poder?

ANSWER # 14 » RESPUESTA # 14

Two Correct Answers » Dos Respuestas Correctas

Inglés	Pronunciación	Español
Checks and balances.	Chéks and bálanses.	Controles y equilibrios de poder.
Separation of powers.	Sépereishón ov páuers.	Separación de poderes.

QUESTION # 15 » PREGUNTA # 15

Inglés

Who is in charge of the executive branch?

Pronunciación

¿Jú is in chárch ov de ekxékutiv branch?

Español

¿Quién está a cargo de la rama ejecutiva?

ANSWER # 15 » RESPUESTA # 15

Inglés	Pronunciación	Español
The President	De Président.	El Presidente

QUESTION # 16 » PREGUNTA # 16

Inglés

Who makes federal laws?

Pronunciación

¿Jú méiks féderel lós?

Español

¿Quién hace las leyes federales?

ANSWER # 16 » RESPUESTA # 16

Three Correct Answers » Tres Respuestas Correctas

Inglés

Congress.

Pronunciación

Kóngres.

Español

El Congreso.

Inglés

Senate and House of Representatives.

Pronunciación

Sénet and Jáus ov Repriséntativs.

Español

Senado y Casa de Representantes.

Inglés

U.S. or national legislature.

Pronunciación

IÚ. ES. or náshonel léyeslecher.

Español

Legislatura nacional o de U.S.

QUESTION # 17 » PREGUNTA # 17*

Inglés

What are the two parts of the U.S. Congress?

Pronunciación

¿Uát ar de tú párts ov de IÚ.ES. Kóngres?

Español

¿Cuáles son las dos ramas del Congreso de U.S.?

ANSWER # 17 » RESPUESTA # 17*

Inglés

The Senate and House of Representatives.

Pronunciación

De Senét and Jáus ov Repriséntativs.

Español

El Senado y Casa de Representantes.

QUESTION # 18 » PREGUNTA # 18

Inglés

How many U.S. Senators are there?

Pronunciación

¿Jáu méni IÚ.ES. Sénators ar dear?

Español

¿Cuántos Senadores hay en El Senado?

ANSWER # 18 » RESPUESTA # 18

Inglés	Pronunciación	Español
One hundred (100)	Uán jóndred (100)	Cien (100)

QUESTION # 19 » PREGUNTA # 19

Inglés

We elect a U.S. Senator for how many years?

Pronunciación

¿Uí iléct e IÚ. ES. Sénator for jáu méni yíars?

Español

¿Por cuántos años elegimos a un Senador?

ANSWER # 19 » RESPUESTA # 19

Inglés	Pronunciación	Español
Six (6)	Síks (6)	Seis (6)

QUESTION # 20 » PREGUNTA # 20*

Inglés

Who is one of your state's U.S. Senators?

Pronunciación

¿Jú is uán ov iúar stéit's IÚ.ES. Sénators?

Español

¿Cuál es uno de sus Senadores Federales?

ANSWER # 20 » RESPUESTA # 20*

Debe nombrar uno de los actuales Senadores del Estado en que reside.

QUESTION # 21 » PREGUNTA # 21

Inglés

The House of Representatives has how many voting members?

Pronunciación

¿Da Jáus ov Repriséntativs jas jáu méni voúring members?

Español

¿Cuántos miembros con voto tiene La Casa de Representantes?

ANSWER # 21 » RESPUESTA # 21

Inglés	Pronunciación	Español
Four hundred thirtyfive (435).	**Fóar jóndred zérti fáiv (435).**	Catrocientos treinta y cinco (435).

QUESTION # 22 » PREGUNTA # 22

Inglés

We elect a U.S. Representative for how many years?

Pronunciación

¿Uí iléct e IÚ.ES. Repriséntativ for jáu méni yíars?

Español

¿Por cuántos años elegímos a un Representate Federal?

ANSWER # 22 » RESPUESTA # 22

Inglés	Pronunciación	Español
Two (2).	**Tú (2).**	Dos (2).

QUESTION # 23 » PREGUNTA # 23

Inglés

Name your U.S. Representative.

Pronunciación

Néim iúar IÚ.ES. Repriséntativ.

Español

Nombre su Representante Federal.

ANSWER # 23 » RESPUESTA # 23

Debe averiguar el nombre de su Representante Federal actual.

QUESTION # 24 » PREGUNTA # 24

Inglés

Who does a U.S. Senator represent?

Pronunciación

¿Jú dos e IÚ.ES. Sénator reprisént?

Español

¿A quién representa un Senador Federal?

ANSWER # 24 » RESPUESTA # 24

Inglés	Pronunciación	Español
All people of the State.	**Ol pípol ov do Stéit.**	A todo el pueblo de su Estado.

QUESTION # 25 » PREGUNTA # 25

Inglés

Why do some states have more Representatives than other states?

Pronunciación

¿Uái du som stéits jav móar Repriséntativs dan oder stéits?

Español

¿Por qué tienen algunos estados más Representantes que otros?

ANSWER # 25 » RESPUESTA # 25
Three Correct Answers » Tres Respuestas Correctas

Inglés

Because of the state's population.

Pronunciación

Bicós ov de stéits popiúleshon.

Español

Debido a la población del Estado.

Inglés

Because they have more people.

Pronunciación

Bicós déi jav mor pípol.

Español

Debido a que tienen más personas.

Inglés

Because some states have more people.

Pronunciación

Bicós som stéits jav mor pípol.

Español

Debido a que algunos Estados tienen más personas.

QUESTION # 26 » PREGUNTA # 26

Inglés

We elect a President for how many years?

Pronunciación

¿Uí iléct e Président for jáu méni yíars?

Español

¿Por cuántos años elegímos a un Presidente?

ANSWER # 26 » RESPUESTA # 26

Inglés	Pronunciación	Español
Four (4).	**Fóar (4).**	Cuatro (4).

QUESTION # 27 » PREGUNTA # 27*

Inglés

In what month do we vote for President?

Pronunciación

¿In uát mónz du uí vóut for Président?

Español

¿En qué mes votamos por un nuevo Presidente?

ANSWER # 27 » RESPUESTA # 27*

Inglés	Pronunciación	Español
November.	**Novémber.**	Noviembre.

QUESTION # 28 » PREGUNTA # 28

Inglés

What is the name of the President of the United States now?

Pronunciación

¿Uát is de néim ov da Président ov da lúnaited Stéits náo?

Español

¿Cuál es el nombre del actual Presidente de Los Estados Unidos?

ANSWER # 28 » RESPUESTA # 28

Debe nombrar el Presidente actual de Los Estados Unidos.

QUESTION # 29 » PREGUNTA # 29

Inglés

What is the name of the Vice President of the United States now?

Pronunciación

¿Uát is de néim ov da Váis Président ov da lúnaited Stéits náo?

Español

¿Cuál es el nombre del actual Vicepresidente de Los Estados Unidos?

ANSWER # 29 » RESPUESTA # 29

Debe nombrar el Vicepresidente actual de Los Estados Unidos.

QUESTION # 30 » PREGUNTA # 30

Inglés

If the President can no longer serve, who becomes President?

Pronunciación

If de Président kan no lónguer sérv, ¿jú bicóms Président?

Español

Si el Presidente ya no puede cumplir sus funciones, ¿Quién se vuelve Presidente?

ANSWER # 30 » RESPUESTA # 30

Inglés	Pronunciación	Español
The Vice President.	**De Váis Président.**	El Vicepresidente.

QUESTION # 31 » PREGUNTA # 31

Inglés

If both the President and the Vice President can no longer serve, who becomes President?

Pronunciación

If bóuz de Président and de Váis Président kan no lónguer sérv, ¿jú bicóms Président?

Español

Si tanto el Presidente como el Vicepresidente ya no pueden cumplir sus funciones, ¿Quién se vuelve Presidente?

ANSWER # 31 » RESPUESTA # 31

Inglés

The Speaker of the House.

Pronunciación

De Spíker ov de Jáus.

Español

El Presidente de la Cámara de Representantes.

QUESTION # 32 » PREGUNTA # 32

Inglés

Who is the Commander in Chief of the military?

Pronunciación

¿Jú is de Kománder in Chíf ov de miletári?

Español

¿Quién es el Comandante en Jefe de las Fuerzas Armadas?

ANSWER # 32 » RESPUESTA # 32

Inglés	Pronunciación	Español
The President.	**De Président.**	El Presidente.

QUESTION # 33 » PREGUNTA # 33

Inglés

Who signs bills to become laws?

Pronunciación

¿Jú sáins bils tu bikóm lós?

Español

¿Quién firma los proyectos de ley para convertirlos en ley?

ANSWER # 33 » RESPUESTA # 33

Inglés	Pronunciación	Español
The President.	**De Président.**	El Presidente.

QUESTION # 34 » PREGUNTA # 34

Inglés

Who vetoes bills?

Pronunciación

¿Jú vítouz bíls?

Español

¿Quién veta los proyectos de ley?

ANSWER # 34 » RESPUESTA # 34

Inglés	Pronunciación	Español
The President.	**De Président.**	El Presidente.

QUESTION # 35 » PREGUNTA # 35

Inglés

What does the President's Cabinet do?

Pronunciación

¿Uát dos de Présidents Kábinet du?

Español

¿Qué hace el Gabinete del Presidente?

ANSWER # 35 » RESPUESTA # 35

Inglés	Pronunciación	Español
Advises the President.	**Adváizes de Président.**	Asesora al Presidente.

QUESTION # 36 » PREGUNTA # 36

Inglés

What are two Cabinet-level positions?

Pronunciación

¿Uát ar tú Kábinet-lévol posíshons?

Español

¿Cuáles son dos puestos a nivel de Gabinete?

ANSWER # 36 » RESPUESTA # 36

Inglés

Secretary of Agriculture.

Pronunciación

Sékreteri ov Ágricolcher.

Español

Secretario de Agricultura.

Inglés

Secretary of Commerce.

Pronunciación

Sékreteri ov Kómers.

Español

Secretario de Comercio.

Inglés

Secretary of Defense.

Pronunciación

Sékreteri ov Diféns.

Español

Secretario de Defensa.

Inglés

Secretary of Education.

Pronunciación

Sékreteri ov Edukéishon.

Español

Secretario de Educación.

Inglés

Secretary of Energy.

Pronunciación

Sékreteri ov Éneryí.

Español

Secretario de Energía.

Inglés

Secretary of Health and Human Services.

Pronunciación

Sékreteri ov Jelz and Jíuman Sérvisis.

Español

Secretario de Salud y Servicios Humanos.

ANSWER # 36 » RESPUESTA # 36

Inglés

Secretary of Homeland Security.

Pronunciación

Sékreteri ov Jómland Sékiúriti.

Español

Secretario de Seguridad Nacional.

Inglés

Secretary of Housing and Urban Development.

Pronunciación

Sékreteri ov Jáusing and Érban Divélopment.

Español

Secretario de Vivienda y Desarrollo Urbano.

Inglés

Secretary of Interior.

Pronunciación

Sékreteri ov Intírior.

Español

Secretario del Interior.

Inglés

Secretary of State.

Pronunciación

Sékreteri ov Stéit.

Español

Secretario de Estado.

Inglés

Secretary of Transportation.

Pronunciación

Sékreteri ov Tránsportéishon.

Español

Secretario de Transporte.

Inglés

Secretary of Treasury.

Pronunciación

Sékreteri ov Tréshuri.

Español

Secretario del Tesoro.

Inglés

Secretary of Veterans' Affairs.

Pronunciación

Sékreteri ov Véterans Aférs.

Español

Secretario de Asuntos de Veteranos.

Inglés

Secretary of Labor.

Pronunciación

Sékreteri ov Léibor.

Español

Secretario Del Trabajo.

Inglés

Attorney General.

Pronunciación

Atérni Yénerol.

Español

Procurador General.

ANSWER # 36 » RESPUESTA # 36

Sixteen Correct Answers » Diesiséis Respuestas Correctas

Inglés

Vice President.

Pronunciación

Váis Président.

Español

Vicepresidente.

QUESTION # 37 » PREGUNTA # 37

Inglés

What does the judicial branch do?

Pronunciación

¿Uát dos de Yudíshel bránch do?

Español

¿Qué hace la rama Judicial?

ANSWER # 37 » RESPUESTA # 37

Four Correct Answers » Cuatro Respuestas Correctas

Inglés

Reviews laws.

Pronunciación

Riviús lós.

Español

Revisa las leyes.

Inglés

Explains laws.

Pronunciación

Expléins lós.

Español

Explica las leyes.

Inglés

Resolves disputes (disagreements).

Pronunciación

Risólvs dispiúts (disagríments).

Español

Resuelve disputas (desacuerdos).

Inglés

Decides if a law goes against the Constitution.

Pronunciación

Disáids if e ló gos aguénst de Konstetúshon.

Español

Decide si una ley va en contra de la Constitución.

QUESTION # 38 » PREGUNTA # 38

Inglés
||||||||||||||||||||||||||||||

What is the highest court in the United States?

Pronunciación
||||||||||||||||||||||||||||||||||||||||||||||||

¿Uát is de jáiest Kórt in de lúnaited Stéits?

Español
||||||||||||||||||||||||||||

¿Cuál es el tribunal más alto de Los Estados Unidos?

ANSWER # 38 » RESPUESTA # 38

Inglés	Pronunciación	Español
The Supreme Court.	**The Suprím Kórt.**	La Corte Suprema.

QUESTION # 39 » PREGUNTA # 39

Inglés
||||||||||||||||||||||||||||

How many justices are on the Supreme Court?

Pronunciación
||||||||||||||||||||||||||||||||||||||||||||||||

¿Jáu méni yóstesiz ar on de Suprím Kórt?

Español
||||||||||||||||||||||||||||||

¿Cuántos jueces hay en La Corte Suprema?

ANSWER # 39 » RESPUESTA # 39

Inglés	Pronunciación	Español
Nine (9).	**Náin (9).**	Nueve (9).

QUESTION # 40 » PREGUNTA # 40

Inglés

Who is the Chief Justice of the United States?

Pronunciación

¿Jú is de Chíf yóstes ov de lúnaited Stéits?

Español

¿Quién es el Presidente actual de la Corte Suprema de Justicia de Los Estados Unidos?

ANSWER # 40 » RESPUESTA # 40

Inglés

John Roberts (John G. Roberts, Jr.)

Pronunciación

Yón Róberts (Yón Yí. Róberts, Yúnior)

Español

John Roberts (John G. Roberts, Jr.)

QUESTION # 41 » PREGUNTA # 41

Inglés

Under our Constitution, some powers belong to the federal government. What is one power of the federal government?

Pronunciación

Onder áuar Konstetúshon, som páuers bilóng tu de féderol góvernment. ¿Uát is uán páuer ov de féderel góvernment?

Español

Bajo nuestra Constitución, algunos poderes pertenecen al gobierno federal. ¿Cuál es un poder del gobierno federal?

ANSWER # 41 » RESPUESTA # 41

Four Correct Answers » Cuatro Respuestas Correctas

Inglés	Pronunciación	Español
To print money.	**Tu print móni.**	Imprimir dinero.
To declare war.	**Tu dikléar uór.**	Declarar la guerra.
To create an army.	**Tu kriéit an ármi.**	Crear un ejército.
To make treaties.	**Tu méik trídis.**	Suscribir tratados.

Continue.....

QUESTION # 42 » PREGUNTA # 42

Inglés

Under our Constitution, some powers belong to the states. What is one power of the states?

Pronunciación

Onder áuar Konstetúshon, some páuers bilóng tu the stéits. ¿Uát is uán páuer ov de stéits?

Español

Bajo nuestra Constitución, algunos poderes pertenecen a los estados. ¿Cuál es un poder de los estados?

ANSWER # 42 » RESPUESTA # 42

Five Correct Answers » Cinco Respuestas Correctas

Inglés

Provide schooling and education.

Pronunciación

Provái skúling and edukéishon.

Español

Proveer escuelas y educación.

Inglés

Provide protection (police).

Pronunciación

Prov ái protékshon (polís).

Español

Proveer protección (policía).

Inglés

Provide safety (fire departments).

Pronunciación

Prov ái séifti (fáier depártments).

Español

Proveer seguridad (cuerpo de bomberos).

Inglés

Give a driver's license.

Pronunciación

Guív e dráivers láisens.

Español

Conceder licencias de conducir.

ANSWER # 42 » RESPUESTA # 42
Five Correct Answers » Cinco Respuestas Correctas

Inglés

Approve zoning and land use.

Pronunciación

Aprúv zóning and land iús.

Español

Aprobar la zonificación y uso de la tierra.

QUESTION # 43 » PREGUNTA # 43

Inglés

Who is the Governor of your state?

Pronunciación

¿Jú is de Góvernor ov iúar stéit?

Español

¿Quién es el Gobernador de su estado?

ANSWER # 43 » RESPUESTA # 43

Debe averiguar el nombre del Gobernador actual de su Estado.

Los residentes del Distrito de Columbia y los territorios de U.S. sin Gobernador deben responder:

Inglés	Pronunciación	Español
We don't have a Governor.	**Uí dónt jav e Góvernor**	Nosotros no tenemos Gobernador

QUESTION # 44 » PREGUNTA # 44*

Inglés

What is the capital of your state?

Pronunciación

¿Uát is de kápitol ov iúar stéit?

Español

¿Cuál es la capital de su estado?

ANSWER # 44 » RESPUESTA # 44*

Debe averiguar el nombre de la capital de su estado.

QUESTION # 45 » PREGUNTA # 45*

Inglés

What are the two major political parties in the United States?

Pronunciación

¿Uát ar de tú méiyor polítikel pártis in de lúnaited Stéits?

Español

¿Cuáles son los dos principales partidos políticos en los Estados Unidos?

ANSWER # 45 » RESPUESTA # 45*

Inglés	Pronunciación	Español
Democratic and Republican	**Demokrátic and Ripóbliken.**	Demócrata y Republicano.

QUESTION # 46 » PREGUNTA # 46

Inglés

What is the political party of the President now?

Pronunciación

¿Uát is de polítikel pári ov de Président náo?

Español

¿Cuál es el partido político del Presidente actual?

ANSWER # 46 » RESPUESTA # 46

Mencione el partido político del Presidente actual.

QUESTION # 47 » PREGUNTA # 47

Inglés

What is the name of the Speaker of the House of Representatives now?

Pronunciación

¿Uát is de néim ov de Spíker ov de Jáus ov Repriséntativs náo?

Español

¿Cómo se llama el Presidente actual de la Cámara de Representantes?

ANSWER # 47 » RESPUESTA # 47

Nombre el actual Presidente de La Cámara de Representantes.

C: RIGHTS AND RESPONSIBILITIES.

C: RÁITS AND RISPONSABÍLITIS.

C: DERECHOS Y RESPONSABILIDADES.

We the people *of the United States* ...

Article 1

Section 1 ...

Section 2 ...

QUESTION # 48 » PREGUNTA # 48

Inglés

There are four amendments to the Constitution about who can vote. Describe one of them.

Pronunciación

Déar ar fóar améndments tu de Konstetúshón abáut jú kan vóut. Discráib uán ov dém.

Español

Existen cuatro enmiendas a la Constitución sobre quién puede votar. Describa una de ellas.

ANSWER # 48 » RESPUESTA # 48

Four Correct Answers » Cuatro Respuestas Correctas

Inglés

Citizens eighteen (18) and older can vote.

Pronunciación

Sítizens éitíin (18) and ólder can vóut.

Español

Ciudadanos de dieciocho años (18) en adelante pueden votar.

Continue.....

Four Correct Answers » Cuatro Respuestas Correctas

Inglés

You don't have to pay a poll tax to vote.

Pronunciación

Iú dónt jáv tu péi e pul tax tu vóut.

Español

No se exige pagar un impuesto para votar. (impuesto para acudir a las urnas o "poll tax" en inglés).

Inglés

Any citizen can vote. Women and men can vote.

Pronunciación

Éni sítizen kan vóut. Uímen and men kan vóut.

Español

Cualquier ciudadano puede votar. Tanto los hombres como las mujeres pueden votar.

Inglés

A male citizen of any race can vote.

Pronunciación

E méel sítizen ov éni réis kan vóut.

Español

Un hombre ciudadano de cualquier raza puede votar.

QUESTION # 49 » PREGUNTA # 49*

Inglés

What is one responsibility that is only for United States citizens?

Pronunciación

¿Uát is uán rispónsabíliti dat is ónli for lúnaited Stéits sítisens?

Español

¿Cuál es una responsabilidad que corresponde sólo a los ciudadanos de los Estados Unidos?

ANSWER # 49 » RESPUESTA # 49*

Inglés	Pronunciación	Español
Serve on a jury.	**Sérv on e yúri.**	Prestar servicio en un jurado.
Vote.	**Vóut.**	Votar en elecciones.

QUESTION # 50 » PREGUNTA # 50

Inglés

What are two rights only for United States citizens?

Pronunciación

¿Uát ar tú ráits ónli for lúnaited Stéits sítisens?

Español

¿Cuáles son dos derechos solo para los ciudadanos de Estados Unidos?

ANSWER # 50 » RESPUESTA # 50
Four Correct Answers » Cuatro Respuestas Correctas

Inglés

Apply for a federal job.

Pronunciación

Aplái for e féderel yób.

Español

Aplicar para empleos federales.

Inglés

Vote.

Pronunciación

Vóut.

Español

Derecho al voto.

Inglés

Run for office.

Pronunciación

Ron for ófis.

Español

Postularse para un cargo político.

ANSWER # 50 » RESPUESTA # 50

Four Correct Answers » Cuatro Respuestas Correctas

Inglés

Carry a U.S. passport.

Pronunciación

Kárri e IÚ. ES. Pásport.

Español

Tener un pasaporte de los Estados Unidos.

QUESTION # 51 » PREGUNTA # 51

Inglés

What are two rights of everyone living in the United States?

Pronunciación

¿Uát ar tú ráits ov évriuán líving in de lúnaited Stéits?

Español

¿Cuáles son dos derechos de todas las personas que viven en los Estados Unidos?

ANSWER # 51 » RESPUESTA # 51

Six Correct Answers » Seis Respuestas Correctas

Inglés

Freedom of expression.

Pronunciación

Frídom ov expréshon.

Español

Libertad de expresión.

Inglés

Freedom of speech.

Pronunciación

Frídom ov spích.

Español

Libertad de palabra.

Inglés

Freedom of assembly.

Pronunciación

Frídom ov asémbli.

Español

Libertad de reunión.

Inglés

Freedom to petition the government.

Pronunciación

Frídom tu petíshon de góvernment.

Español

Libertad para peticionar al gobierno.

Inglés

Freedom of worship.

Pronunciación

Frídom ov uérship.

Español

Libertad de culto.

Inglés

The right to bear arms.

Pronunciación

De ráit tu béar árms.

Español

Derecho a portar armas.

QUESTION # 52 » PREGUNTA # 52

Inglés

What do we show loyalty to when we say the Pledge of Allegiance?

Pronunciación

¿Uát du uí shóu lóyaltí tu uén uí séi de Pleásh ov Alíyens?

Español

¿Ante qué demostramos nuestra lealtad cuando decimos el Juramento de Lealtad?

ANSWER # 52 » RESPUESTA # 52
Two Correct Answers » Dos Respuestas Correctas

Inglés	Pronunciación	Español
The United States.	**De lúnaited Stéits.**	Los Estados Unidos.
The Flag.	**De Flág**	La Bandera.

QUESTION # 53 » PREGUNTA # 53

Inglés

What is one promise you make when you become a United States citizen?

Pronunciación

¿Uát is uán prómis iú méik uén iú bikóm e lúnaited Stéits sítisen?

Español

¿Cuál es una promesa que usted hace cuando se convierte en ciudadano de los Estados Unidos?

ANSWER # 53 » RESPUESTA # 53

Six Correct Answers » Seis Respuestas Correctas

Inglés

Give up loyalty to other countries.

Pronunciación

Guív op lóyalti tu óder kóuntris.

Español

Renunciar la lealtad a otros países.

Inglés

Defend the Constitution and laws of the United States.

Pronunciación

Difénd de Konstetúshon and lós ov de lúnaited Stéits.

Español

Defender la Constitución y las leyes de los Estados Unidos.

Inglés

Obey the laws of the United States.

Pronunciación

Obéi de lós ov de lúnaited Stéits.

Español

Obedecer las leyes de los Estados Unidos.

Inglés

Serve in the U.S. military if needed.

Pronunciación

Sérv in de IÚ. ES. Militéri if níded.

Español

Servir en las Fuerzas Armadas de Estados Unidos de ser necesario.

Inglés

Serve (do important work for) the nation if needed.

Pronunciación

Sérv (du impórtant uérk for) de néishon if níded.

Español

Prestar servicio importante para la nación de ser necesario.

Inglés

Be loyal to the United States.

Pronunciación

Bí lóiel tu de lúnaited Stéits.

Español

Ser leal a los Estados Unidos.

QUESTION # 54 » PREGUNTA # 54*

Inglés

How old do citizens have to be to vote for President?

Pronunciación

¿Jáu óld du sítizens jav tu bí tu vóut for Président?

Español

¿Cuántos años tienen que tener los ciudadanos para votar por el Presidente?

ANSWER # 54 » RESPUESTA # 54*

Inglés	Pronunciación	Español
Eighteen (18) and older.	**Éitíin (18) and ólder.**	Dieciocho (18) años en adelante.

QUESTION # 55 » PREGUNTA # 55

Inglés

What are two ways that Americans can participate in their democracy?

Pronunciación

¿Uát ar tú uéis dat Amérikens kan partísipéit in dér demócrasi?

Español

¿Cuáles son dos maneras mediante las cuales los ciudadanos americanos pueden participar en su democracia?

Inglés

Vote.

Pronunciación

Vóut.

Español

Votar.

Inglés

Join a political party.

Pronunciación

Yóin e polítikel pári.

Español

Afiliarse a un partido político.

Inglés

Help with a campaign.

Pronunciación

Jélp uíz e campéin.

Español

Ayudar en una campaña política.

Inglés

Join a civic group.

Pronunciación

Yóin e sívik grúp.

Español

Unirse a un grupo cívico.

Inglés

Join a community group.

Pronunciación

Yóin e komiúniti grúp.

Español

Unirse a un grupo comunitario.

Inglés

Give an elected official your opinion on an issue.

Pronunciación

Guív an ilécted ofíshel iúar opínion on an íshu.

Español

Presentar su opinión sobre un tema a un oficial elegido.

Inglés

Call Senators and Representatives.

Pronunciación

Kol Sénators and Repriséntativs.

Español

Llamar a los Senadores y Representantes.

Inglés

Publicly support or oppose an issue or policy.

Pronunciación

Póblikli séport or apóus an íshu or pólisi.

Español

Apoyar u oponerse públicamente a un asunto o política.

Inglés

Run for office.

Pronunciación

Ron for ófis.

Español

Postularse a un cargo público.

ANSWER # 55 » RESPUESTA # 55
Ten Correct Answers » Diez Respuestas Correctas

Inglés

Write to a newspaper.

Pronunciación

Ráit tu e núspéiper.

Español

Escribir a un periódico.

◇◇

QUESTION # 56 » PREGUNTA # 56*

Inglés

When is the last day you can send in federal income tax forms?

Pronunciación

¿Uén is de lást déi iú kan send in féderel ínkom tax forms?

Español

¿Cuál es la fecha límite para enviar la declaración federal de impuestos sobre la renta?

ANSWER # 56 » RESPUESTA # 56*

Inglés	Pronunciación	Español
April 15.	**Éiprel fiftíin (15).**	Abril 15.

QUESTION # 57 » PREGUNTA # 57

Inglés

When must all men register for the Selective Service?

Pronunciación

¿Uén most ol men réyister for de Seléctiv Sérvis?

Español

¿Cuándo deben inscribirse todos los hombres en el Servicio Selectivo?

ANSWER # 57 » RESPUESTA # 57

Two Correct Answers » Dos Respuestas Correctas

Inglés

At age eighteen (18).

Pronunciación

At éich éitíin (18).

Español

A la edad de dieciocho (18) años.

Inglés

Between eighteen (18) and twenty-six (26).

Pronunciación

Bituín éitíin (18) and tuénti-síks (26).

Español

Entre los dieciocho (18) y veintiséis (26) años de edad.

AMERICAN HISTORY

A: COLONIAL PERIOD AND INDEPENDENCE.

A: COLONIAL PÍRIOD AND INDEPÉNDENS.

A: ÉPOCA COLONIAL E INDEPENDENCIA.

QUESTION # 58 » PREGUNTA # 58

Inglés

What is one reason colonists came to America?

Pronunciación

¿Uát is uán ríson kólonists kéim tu América?

Español

¿Cuál es una razón por la que los colonos vinieron a los Estados Unidos?

ANSWER # 58 » RESPUESTA # 58

Six Correct Answers » Seis Respuestas Correctas

Inglés	Pronunciación	Español
Freedom.	**Frídom.**	Libertad.
Political liberty.	**Polítikel líberti.**	Libertad política.
Religious freedom.	**Rilíyes frídom.**	Libertad religiosa.
Economic opportunity.	**Económik aportúniti.**	Oportunidad económica.
Practice their religion.	**Práktes der rilíyon.**	Practicar su religión.
Escape persecution	**Skéip persekiúshon.**	Huir de la persecución.

QUESTION # 59 » PREGUNTA # 59

Inglés

Who lived in America before the Europeans arrived?

Pronunciación

¿Jú lívd in América bifóar de lúropíans aráivd?

Español

¿Quiénes vivían en los Estados Unidos antes de la llegada de los Europeos?

ANSWER # 59 » RESPUESTA # 59

Two Correct Answers » Dos Respuestas Correctas

Inglés	Pronunciación	Español
Native Americans.	**Néitiv Amérikens.**	Nativos Americanos.
American Indians.	**Amérikens Índians.**	Indios Americanos.

QUESTION # 60 » PREGUNTA # 60

Inglés

What group of people was taken to America and sold as slaves?

Pronunciación

¿Uát grúp ov pípol uás téiken tu América and sóuld as sléivs?

Español

¿Qué pueblo fue traído a los Estados Unidos y vendidos como esclavos?

ANSWER # 60 » RESPUESTA # 60

Two Correct Answers » Dos Respuestas Correctas

Inglés	Pronunciación	Español
Africans.	**Áfrikens.**	Africanos.
People from Africa.	**Pípol from Áfrikens.**	Gente de África.

QUESTION # 61 » PREGUNTA # 61

Inglés

Why did the colonists fight the British?

Pronunciación

¿Uái did de kólonists fáit de Brítich?

Español

¿Por qué lucharon los colonos contra los Británicos?

ANSWER # 61 » RESPUESTA # 61

Three Correct Answers » Tres Respuestas Correctas

Inglés

Because of high taxes (taxation without representation).

Pronunciación

bicós ov jái táksis (takséishon uídaut representéishon).

Español

Debido a los altos impuestos (impuestos sin representación).

ANSWER # 61 » RESPUESTA # 61
Three Correct Answers » Tres Respuestas Correctas

Inglés

Because the British army stayed in their houses (boarding, quartering)

Pronunciación

Bicós do Brítich ármi stéid in der jáuses (bórding, kuártering)

Español

Porque el ejército británico se quedó en sus casas (alojamiento, acuartelamiento)

Inglés

Because they didn't have self-government.

Pronunciación

Bicós déi dídent jav self-góvernment.

Español

Porque no tenían autodeterminación.

QUESTION # 62 » PREGUNTA # 62

Inglés

Who wrote the Declaration of Independence?

Pronunciación

¿Jú róut de Declaréishon ov Indepéndens?

Español

¿Quién escribió la Declaración de Independencia?

ANSWER # 62 » RESPUESTA # 62

Inglés	Pronunciación	Español
Thomas Jefferson.	**Tómas yéferson.**	Thomas Jefferson.

QUESTION # 63 » PREGUNTA # 63

Inglés

When was the Declaration of Independence adopted?

Pronunciación

¿Uén uás de Declaréishon ov Indepéndens adópted?

Español

¿Cuándo fue adoptada la Declaración de Independencia?

ANSWER # 63 » RESPUESTA # 63

Inglés

July 4, 1776.

Pronunciación

Yulái fóar séventíin-séventi síks.

Español

El 4 de Julio de 1776.

QUESTION # 64 » PREGUNTA # 64

Inglés

There were 13 original states. Name three.

Pronunciación

Déer uér Zértíin stéits. Néim Zríi.

Español

Había 13 estados originales. Nombre tres.

ANSWER # 64 » RESPUESTA # 64

Thirteen Correct Answers » Trece Respuestas Correctas

Inglés	Pronunciación	Español
New Hampshire.	**Nú Jámpsher.**	New Hampshire.
Massachusetts.	**Masashúsets.**	Massachusetts.
Rhode Island.	**Ród Áiland.**	Rhode Island.
Connecticut.	**Konétikót.**	Connecticut.
New York.	**Nú Yórk.**	New York.
New Jersey.	**Nú Yérsi.**	New Jersey.
Pennsylvania.	**Pénselveinia.**	Pennsylvania.
Delaware.	**Délauér.**	Delaware.
Maryland.	**Méreland.**	Maryland.
Virginia.	**Viryínia.**	Virginia.
North Carolina.	**Nórz Karoláina.**	North Carolina.
South Carolina.	**Sáuz Karoláina.**	South Carolina.
Georgia.	**Yórya.**	Georgia.

QUESTION # 65 » PREGUNTA # 65

Inglés

What happened at the Constitutional Convention?

Pronunciación

¿Uát jápend at de Kónstetushonel Kónvenshon?

Español

¿Qué ocurrió en la Convención Constitucional?

ANSWER # 65 » RESPUESTA # 65
Two Correct Answers » Dos Respuestas Correctas

Inglés

The Constitution was written.

Pronunciación

De Konstetúshon uás ríten.

Español

Se redactó la Constitución.

Inglés

The Founding Fathers wrote the Constitution.

Pronunciación

De Fóunding Fáders rout de Konstetúshon.

Español

Los Padres Fundadores redactaron la Constitución.

QUESTION # 66 » PREGUNTA # 66

Inglés

When was the Constitution written?

Pronunciación

¿Uén uás de Konstetúshon ríten?

Español

¿Cuándo fue escrita la Constitución?

ANSWER # 66 » RESPUESTA # 66

Inglés	Pronunciación	Español
1787.	**Seventíin éiti séven.**	1787.

QUESTION # 67 » PREGUNTA # 67

Inglés

The Federalist Papers supported the passage of the U.S. Constitution. Name one of the writers.

Pronunciación

De Fédralist Péipers séported de pásich ov de lú. Es. Konstetúshon. Néim uán ov de ráiters.

Español

Los ensayos conocidos como Los Federalistas respaldaron la aprobación de la Constitución de los Estados Unidos. Nombre uno de los autores.

ANSWER # 67 » RESPUESTA # 67

Four Correct Answers » Cuatro Respuestas Correctas

Inglés	Pronunciación	Español
James Madison.	**Yéims Mádesen.**	James Madison.
Alexander Hamilton.	**Alizánder Jámelten.**	Alexander Hamilton.
John Jay.	**Yón Yéi.**	John Jay.
Publius.	**Públeos**	Publius.

QUESTION # 68 » PREGUNTA # 68

Inglés

What is one thing Benjamin Franklin is famous for?

Pronunciación

¿Uát is uán zing Bényamen Fránklin is féimos for?

Español

¿Cuál es una razón por la que Benjamin Franklin es famoso?

ANSWER # 68 » RESPUESTA # 68

Five Correct Answers » Cinco Respuestas Correctas

Inglés

U.S. diplomat.

Pronunciación

IÚ.ES. díplomat.

Español

Diplomático Americano.

Five Correct Answers » Cinco Respuestas Correctas

Inglés

Oldest member of the Constitutional Convention.

Pronunciación

Óuldest member ov de Kónstetushonel Kónvenshon.

Español

El miembro de mayor edad de la Convención Constitucional.

Inglés

First Postmaster General of the United States.

Pronunciación

Férst Póustmaster Yénerol ov de lúnaited Stéits.

Español

Primer Director General de Correos de los Estados Unidos.

Inglés

Writer of "Poor Richard's Almanac".

Pronunciación

Ráiter ov "Púar Ríchards Álmanak".

Español

Escritor de Almanaque del Pobre Richard.

ANSWER # 68 » RESPUESTA # 68

Five Correct Answers » Cinco Respuestas Correctas

Inglés

Started the first free libraries.

Pronunciación

Stáred de férst frí láibraris.

Español

Fundó las primeras bibliotecas gratuitas.

QUESTION # 69 » PREGUNTA # 69

Inglés

Who is the "Father of Our Country"?

Pronunciación

¿Jú is de "Fáder ov Áuar Kóntri"?

Español

¿Quién es el "Padre de Nuestra Nación?

ANSWER # 69 » RESPUESTA # 69

Inglés	Pronunciación	Español
George Washington	**Yórch Uáshington.**	George Washington.

QUESTION # 70 » PREGUNTA # 70*

Inglés

Who was the first President?*

Pronunciación

¿Jú uás de férst Président?

Español

¿Quién fue el primer Presidente?

ANSWER # 70 » RESPUESTA # 70*

Inglés	Pronunciación	Español
George Washington	**Yórch Uáshington.**	George Washington.

B: 1800s.

B: EITÍIN JÓNDRES.

B: LOS AÑOS 1800.

QUESTION # 71 » PREGUNTA # 71

Inglés

What territory did the United States buy from France in 1803?

Pronunciación

¿Uát téritori did de lúnaited Stéits bái from Fráns in eightíin óu zríi?

Español

¿Qué territorio compró los Estados Unidos de Francia en 1803

ANSWER # 71 » RESPUESTA # 71
Two Correct Answers » Dos Respuestas Correctas

Inglés	Pronunciación	Español
The Louisiana Territory.	**De Lúisiana Téritori.**	El Territorio de Louisiana.
Louisiana	**Lúisiana.**	Louisiana

QUESTION # 72 » PREGUNTA # 72

Inglés

Name one war fought by the United States in the 1800s.

Pronunciación

Néim uán uór fót bái de lúnaited Stéits in de eightíin jóndres.

Español

Mencione una guerra durante los años 1800 en que peleó los Estados Unidos.

Inglés

War of 1812.

Pronunciación

Uór ov eightíin tuélv.

Español

La Guerra de 1812.

Inglés

Mexican-American War.

Pronunciación

Méxican-Amériken Uór.

Español

Guerra entre México y Estados Unidos.

Inglés

Civil War.

Pronunciación

Sívol Uór.

Español

La Guerra Civil.

ANSWER # 72 » RESPUESTA # 72

Four Correct Answers » Cuatro Respuestas Correctas

Inglés

Spanish-American War.

Pronunciación

Spánish-Amériken Uór.

Español

La Guerra Hispanoamericana.

QUESTION # 73 » PREGUNTA # 73

Inglés

Name the U.S. war between the North and the South.

Pronunciación

Néim de IÚ.ES. uór bituín de Nórz and de Sáuz.

Español

Diga el nombre de la guerra entre el Norte y el Sur de los Estados Unidos.

ANSWER # 73 » RESPUESTA # 73

Two Correct Answers » Dos Respuestas Correctas

Inglés	Pronunciación	Español
The Civil War.	**De Sívol Uór.**	La Guerra Civil.
The War between the States.	**De Uór bituín de Stéits.**	La Guerra entre los Estados.

QUESTION # 74 » PREGUNTA # 74

Inglés

Name one problem that led to the Civil War.

Pronunciación

Néim uán problem dat léd tu de Sívol Uór.

Español

Mencione un problema que condujo a la Guerra Civil.

ANSWER # 74 » RESPUESTA # 74

Two Correct Answers » Dos Respuestas Correctas

Inglés	Pronunciación	Español
Slavery.	**Sléiveri.**	La exclavitud.
Economic reasons.	**Económik rísons.**	Razones económicas.
States' rights.	**Stéits ráits.**	Derechos de los Estados.

QUESTION # 75 » PREGUNTA # 75*

Inglés

What was one important thing that Abraham Lincoln did?

Pronunciación

¿Uát uós uán important zing dat Éibrajam Línkon did?

Español

¿Qué fue una cosa importante que hizo Abraham Lincoln?

ANSWER # 75 » RESPUESTA # 75*

Four Correct Answers » Cuatro Respuestas Correctas

Inglés

Freed the slaves (Emancipation Proclamation).

Pronunciación

Fríd de sléivs (Emansipéishon Proklémeishon).

Español

Liberó a los esclavos (Proclamación de la Emancipación).

Inglés

Saved (or preserved) the Union.

Pronunciación

Séivd (or prisérvd) de lúnion.

Español

Salvo (o preservó) la Unión.

Inglés

Led the United States during the Civil War.

Pronunciación

Léd de lúnaited Stéits dúring de Sívol Uór.

Español

Presidio los Estados Unidos durante la Guerra Civil.

QUESTION # 76 » PREGUNTA # 76

Inglés

What did the Emancipation Proclamation do?

Pronunciación

¿Uát did de Emansipéishon Proklémeishon du?

Español

¿Qué hizo la Proclamación de la Emancipación?

ANSWER # 76 » RESPUESTA # 76

Four Correct Answers » Cuatro Respuestas Correctas

Inglés

Freed the slaves.

Pronunciación

Fríd de sléivs.

Español

Liberó a los esclavos.

Inglés

Freed slaves in the Confederacy.

Pronunciación

Fríd sléivs in de Konféderasi.

Español

Liberó a los esclavos de la Confederación.

ANSWER # 76 » RESPUESTA # 76

Four Correct Answers » Cuatro Respuestas Correctas

Inglés

Freed slaves in the Confederate states.

Pronunciación

Fríd sléivs in de Konféderet stéits.

Español

Liberó a los esclavos en los estados de la Confederación.

Inglés

Freed slaves in most Southern states.

Pronunciación

Fríd sléivs in móust Sódern Stéits.

Español

Liberó a los esclavos en la mayoría de los Estados del Sur.

QUESTION # 77 » PREGUNTA # 77

Inglés

What did Susan B. Anthony do?

Pronunciación

¿Uát did Súsan Bí. Ánzoni du?

Español

¿Qué hizo Susan B. Anthony?

ANSWER # 77 » RESPUESTA # 77

Two Correct Answers » Dos Respuestas Correctas

Inglés

Fought for women's rights.

Pronunciación

Fót for uímens ráits.

Español

Luchó por los derechos de la mujer.

Inglés

Fought for civil rights.

Pronunciación

Fót for sívol ráits.

Español

Luchó por los derechos civiles.

Continue.....

C: RECENT AMERICAN HISTORY AND OTHER IMPORTANT HISTORICAL INFORMATION.

C: RÍSENT AMÉRIKEN JÍSTORI AND ODER IMPÓRTANT JÍSTORICOL INFORMÉSHON.

C: HISTORIA AMERICANA RECIENTE Y OTRA INFORMACIÓN HISTÓRICA IMPORTANTE.

QUESTION # 78 » PREGUNTA # 78*

Inglés

Name one war fought by the United States in the 1900s.

Pronunciación

Néim uán uór fót bái de lúnaited Stéits in de naintíin jóndres.

Español

Mencione una guerra durante los años 1900s en la que peleó los Estados Unidos.

ANSWER # 78 » RESPUESTA # 78*

Five Correct Answers » Cinco Respuestas Correctas

Inglés	Pronunciación	Español
World War I.	**Uérld Uór I.**	La Primera Guerra Mundial.
World War II.	**Uérld Uór II.**	La Segunda Guerra Mundial.
Korean War.	**Koríen Uór.**	La Guerra de Corea.
Vietnam War.	**Viétnam Uór.**	La Guerra de Vietnam.
Persian Gulf War.	**Pérshan Gálf Uór**	La Guerra del Golfo Persa.

QUESTION # 79 » PREGUNTA # 79

Inglés

Who was President during World War I?

Pronunciación

¿Jú uós Président dúring Uérld Uór I?

Español

¿Quién era Presidente durante La Primera Guerra Mundial?

ANSWER # 79 » RESPUESTA # 79

Inglés	Pronunciación	Español
Woodrow Wilson.	**Uúdrou Uílsen.**	Woodrow Wilson.

QUESTION # 80 » PREGUNTA # 80

Inglés

Who was President during the Great Depression and World War II?

Pronunciación

¿Jú uós Président dúring de Gréit Dipréshon and Uérld Uór II?

Español

¿Quién era Presidente durante La Gran Depresión y La Segunda Guerra Mundial?

ANSWER # 80 » RESPUESTA # 80

Inglés	Pronunciación	Español
Franklin Roosevelt.	**Fránklin Rósevelt.**	Franklin Roosevelt.

QUESTION # 81 » PREGUNTA # 81

Inglés

Who did the United States fight in World War II?

Pronunciación

¿Jú did de lúnaited Stéits fáit in Uérld Uór II?

Español

¿Contra qué países peleó los Estados Unidos en la Segunda Guerra Mundial?

ANSWER # 81 » RESPUESTA # 81

Inglés	Pronunciación	Español
Japan, Germany and Italy.	**Yapán, Yérmani, and Ítali**	Japon, Alemania e Italia.

QUESTION # 82 » PREGUNTA # 82

Inglés

Before he was President, Eisenhower was a general. What war was he in?

Pronunciación

Bifóar jí uós Président, Eísenjauer uós e yénerol. ¿Uát uór uós jí in?

Español

Antes de ser Presidente, Eisenhower era general. ¿En qué guerra participó?

ANSWER # 82 » RESPUESTA # 82

Inglés	Pronunciación	Español
World War II.	**Uérld Uór II**	La Segunda Guerra Mundia.

QUESTION # 83 » PREGUNTA # 83

Inglés

During the Cold War, what was the main concern of the United States?

Pronunciación

Dúring de Kóuld Uór, ¿uát uós de méin kónsern ov de lúnaited Stéits?

Español

Durante La Guerra Fría, ¿cuál era la principal preocupación de los Estados Unidos?

ANSWER # 83 » RESPUESTA # 83

Inglés	Pronunciación	Español
Communism.	**Kómiunisem.**	El Comunismo.

QUESTION # 84 » PREGUNTA # 84

Inglés

What movement tried to end racial discrimination?

Pronunciación

¿Uát múvment tráid tu end réishel diskrimineíshon?

Español

¿Qué movimiento trató de poner fin a la discriminación racial?

ANSWER # 84 » RESPUESTA # 84

Inglés

Civil rights movement.

Pronunciación

Sívol ráits múvment.

Español

El movimento en favor de los derechos civiles.

QUESTION # 85 » PREGUNTA # 85*

Inglés

What did Martin Luther King, Jr. do?

Pronunciación

¿Uát did Márten Lúzer Kíng, Yúnior dú?

Español

¿ Qué hizo Martin Luther King, Jr.?

ANSWER # 85 » RESPUESTA # 85*

Two Correct Answers » Dos Respuestas Correctas

Inglés

Fought for civil rights.

Pronunciación

Fót for sívol ráits.

Español

Luchó por los derechos civiles.

ANSWER # 85 » RESPUESTA # 85*

Two Correct Answers » Dos Respuestas Correctas

Inglés

Worked for equality for all Americans.

Pronunciación

Uérkt for íkuálati for ol Amérikens.

Español

Trabajó por la igualdad de todos los ciudadanos americanos.

QUESTION # 86 » PREGUNTA # 86

Inglés

What major event happened on September 11, 2001 in the United States?

Pronunciación

¿Uát méiyor ivént jápend on Septémber iléven, tú záusand uán in de lúnaited Stéits?

Español

¿Qué suceso de gran magnitud ocurrió el 11 de Septiembre del 2001 en Estados Unidos?

ANSWER # 86 » RESPUESTA # 86

Inglés

Terrorists attacked the United States.

Pronunciación

Térorists atákt de lúnaited Stéits.

Español

Los terroristas atacaron los Estados Unidos.

QUESTION # 87 » PREGUNTA # 87

Inglés

Name one American Indian tribe in the United States.

Pronunciación

Néim uán Amériken Índian tráib in de lúnaited Stéits.

Español

Mencione una tribu de Indios americanos de Estados Unidos.

ANSWER # 87 » RESPUESTA # 87

ADJUDICATORS WILL BE SUPPLIED WITH A COMPLETE LIST.

A los oficiales del USCIS se les dará una lista de tribus amerindias reconocidas a nivel federal.

Inglés	Pronunciación
Cherokee.	**Chéroki.**
Navajo.	**Návajou.**
Sioux.	**Súu.**
Chippewa.	**Chípeuá.**
Choctaw.	**Chákta.**
Pueblo.	**Puéblou.**
Apache.	**Apachí.**
Iroquois.	**Irakúai.**
Creek.	**Kríik.**
Blackfeet.	**Blákfit.**
Seminole.	**Sémenoul.**
Cheyenne.	**Sháyan.**
Arawak.	**Aráuak.**
Shawnee.	**Shaní.**
Mohegan.	**Moujígan.**
Huron.	**Jiúren.**
Oneida.	**Óunaida.**
Lakota.	**Lakóuta.**
Crow.	**Króu.**
Teton.	**Téron**
Hopi.	**Jóupi.**
Inuit	**Ínuit.**

INTEGRATED CIVICS

A: GEOGRAPHY.

A: YÍOGRAFÍ.

A: GEOGRAFÍA.

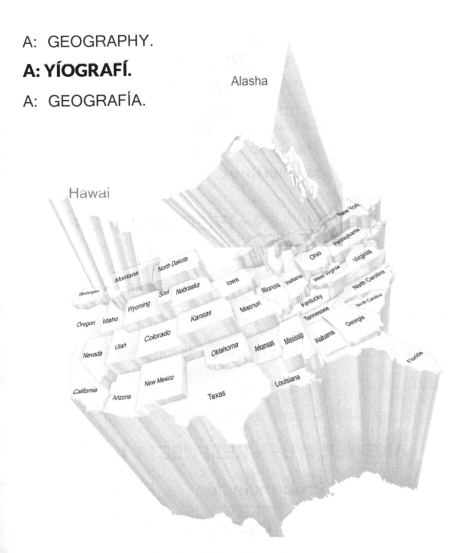

QUESTION # 88 » PREGUNTA # 88

Inglés

Name one of the two longest rivers in the United States.

Pronunciación

Néim uán ov de tú lónguest rívers in de lúnaited Stéits.

Español

Mencione uno de los dos ríos más largos de los Estados Unidos.

ANSWER # 88 » RESPUESTA # 88

Two Correct Answers » Dos Respuestas Correctas

Inglés	Pronunciación	Español
Missouri River.	**Mesúri Ríver.**	El río Missouri.
Mississippi River.	**Mísisipi Ríver.**	El río Mississippi.

QUESTION # 89 » PREGUNTA # 89

Inglés

What ocean is on the West Coast of the United States?

Pronunciación

¿Uát óushan is on de Uést Kóust ov de lúnaited Stéits?

Español

¿Qué océano está en la costa oeste de Estados Unidos?

ANSWER # 89 » RESPUESTA # 89

Inglés	Pronunciación	Español
Pacific Ocean.	**Pásifik Óushan.**	El Océano Pacífico.

QUESTION # 90 » PREGUNTA # 90

Inglés

What ocean is on the East Coast of the United States?

Pronunciación

¿Uát óushan is on de Íst Kóust ov de lúnaited Stéits?

Español

¿Qué océano está en la costa este de los Estados Unidos?

ANSWER # 90 » RESPUESTA # 90

Inglés	Pronunciación	Español
Atlantic Ocean	**Atlántik Óushan**	El Océano Atlántico.

QUESTION # 91 » PREGUNTA # 91

Inglés

Name one U.S. territory.

Pronunciación

Néim uán IÚ. ES. téritori.

Español

Mencione un territorio de los Estados Unidos.

ANSWER # 91 » RESPUESTA # 91

Five Correct Answers » Cinco Respuestas Correctas

Inglés	Pronunciación	Español
Puerto Rico.	**Puerto Rico.**	Puerto Rico.
U.S. Virgin Islands.	**Iú.ES. Véryin Áilands.**	U.S. Virgin Islands.
American Samoa.	**Amériken Sámoá.**	American Samoa.
Northern Mariana Islands.	**Nórsern Mariána Áilands.**	Northern Mariana Islands.
Guam.	**Guám.**	Guam.

QUESTION # 92 » PREGUNTA # 92

Inglés

Name one state that borders Canada.

Pronunciación

Néim uán stéit dat bórders Kánada.

Español

Nombre un estado que tiene fronteras con Canada.

ANSWER # 92 » RESPUESTA # 92

Thirteen Correct Answers » Trece Respuestas Correctas

Inglés	Pronunciación
Maine.	**Méin.**
New Hampshire.	**Nú Jámpsher.**
Vermont.	**Vermónt.**
New York.	**Nú Yórk.**
Pennsylvania.	**Pénselvenia.**
Ohio.	**Oujáio.**
Michigan.	**Míshigan.**
Minnesota.	**Minesóuta.**
North Dakota.	**Nórz Dakóuta.**
Montana.	**Mantána.**
Idaho.	**Áidajo.**
Washington.	**Uáshington.**
Alaska.	**Aláska.**

QUESTION # 93 » PREGUNTA # 93

Inglés

Name one state that borders Mexico.

Pronunciación

Néim uán stéit dat bórders Métsico.

Español

Mencione un estado que tiene frontera con México.

ANSWER # 93 » RESPUESTA # 93

Four Correct Answers » Cuatro Respuestas Correctas

Inglés	Pronunciación
California.	**Kálifornia.**
Arizona.	**Árizouna.**
New Mexico.	**Nú Métsico.**
Texas.	**Tékses.**

QUESTION # 94 » PREGUNTA # 94*

Inglés

What is the capital of the United States?

Pronunciación

¿Uát is de kápitol ov de lúnaited Stéits?

Español

¿Cuál es la capital de los Estados Unidos?

ANSWER # 94 » RESPUESTA # 94*

Inglés	Pronunciación
Washington, D.C.	**Uáshington, Dí.Sí.**

QUESTION # 95 » PREGUNTA # 95*

Inglés

Where is the Statue of Liberty?

Pronunciación

¿Uéar is de Státuu ov de Líberti?

Español

¿Dónde está la Estatua de la Libertad?

ANSWER # 95 » RESPUESTA # 95*

Five Correct Answers » Cinco Respuestas Correctas

Inglés	Pronunciación	Español
New York (Harbor).	**Nú Yórk Járber.**	El Puerto de Nueva York.
Liberty Island.	**Líberti Áiland.**	Liberty Island.

Inglés

Also acceptable are **New Jersey, near New York City**, and on the **Hudson (River)**

Pronunciación

Ólso akséptebel ar Nú Yérsi, níar Nú Yórk Síti, and on de Júdson Ríver.

Español

También son aceptables otras respuestas como New Jersey, cerca de la ciudad de Nueva York y el río Hudson.

B: SYMBOLS
B: SÍMBELS
B: SÍMBOLOS

QUESTION # 96 » PREGUNTA # 96

Inglés

Why does the flag have 13 stripes?

Pronunciación

¿Uái dos de flág jav zertíin stráips?

Español

¿Por qué hay 13 franjas en la bandera?

ANSWER # 96 » RESPUESTA # 96

Two Correct Answers » Dos Respuestas Correctas

Inglés

Because there were 13 original colonies.

Pronunciación

Bicós déer uér zertíin oríyinal kólonis.

Español

Porque representan las 13 colonias originales.

Inglés

Because the stripes represent the original colonies.

Pronunciación

Bicós de stráips réprisent de oríyinal kólonis.

Español

Porque las franjas representan las colonias originales.

QUESTION # 97 » PREGUNTA # 97*

Inglés

Why does the flag have 50 stars?

Pronunciación

¿Uái dos de flág jav fífti stárs?

Español

¿Por qué la bandera tiene 50 estrellas?

ANSWER # 97 » RESPUESTA # 97*

Three Correct Answers » Tres Respuestas Correctas

Inglés

Because there is one star for each state.

Pronunciación

Bicós déer is uán star for ích stéit.

Español

Porque hay una estrella por cada estado.

Inglés

Because each star represents a state.

Pronunciación

Bicós ích star reprisénts e stéit.

Español

Porque cada estrella representa un estado.

ANSWER # 97 » RESPUESTA # 97*

Three Correct Answers » Tres Respuestas Correctas

Inglés

Because there are 50 states.

Pronunciación

Bicós déer ar fifti stéits.

Español

Porque hay 50 estados.

QUESTION # 98 » PREGUNTA # 98

Inglés

What is the name of the national anthem?

Pronunciación

¿Uát is de néim ov de náshonel ánzem?

Español

¿Cómo se llama el himno nacional?

ANSWER # 98 » RESPUESTA # 98

Inglés

The Star-Spangled Banner.

Pronunciación

De Stár Spángeld Báner.

C: HOLYDAYS.

C: JÓLIDEIS.

C: DÍAS FERIADOS.

QUESTION # 99 » PREGUNTA # 99*

Inglés
When do we celebrate Independence Day?

Pronunciación
¿Uén du uí sélebreit Indepéndens Déi?

Español
¿Cuándo celebramos el Día de la Independencia?

ANSWER # 99 » RESPUESTA # 99*
Five Correct Answers » Cinco Respuestas Correctas

Inglés	Pronunciación	Español
July 4.	**Yulái fóar**	El 4 de Julio.

QUESTION # 100 » PREGUNTA # 100

Inglés
Name two national U.S. holidays.

Pronunciación
Néim tú náshonel lú.Es jólideis.

Español
Mencione dos días feriados nacionales de los Estados Unidos.

ANSWER # 100 » RESPUESTA # 100

Ten Correct Answers » Diez Respuestas Correctas

Inglés

New Year's Day.

Pronunciación

Nú Yíars Déi.

Español

El Día de Año Nuevo.

Inglés

Martin Luther King, Jr., Day.

Pronunciación

Mártin Lúzer Kíng, Yúnior., Déi.

Español

El Día de Martin Luther King, Jr.

Inglés

Presidents' Day.

Pronunciación

Présidents Déi.

Español

El Día de los Presidentes.

Inglés

Memorial Day.

Pronunciación

Memóriel Déi.

Español

El Día de Recordación.

Inglés

Independence Day.

Pronunciación

Indepéndens Déi.

Español

El Día de la Independencia.

Inglés

Labor Day.

Pronunciación

Léiber Déi.

Español

El Día del Trabajo.

ANSWER # 100 » RESPUESTA # 100
Ten Correct Answers » Diez Respuestas Correctas

Inglés

Columbus Day.

Pronunciación

Kolómbes Déi.

Español

El Día de Cristóbal Colón o el Día de la Raza.

Inglés

Veterans Day.

Pronunciación

Véterans Déi.

Español

El Día de los Veteranos.

Inglés

Thanksgiving.

Pronunciación

Zánksguiving.

Español

El Día de Acción de Gracias.

Inglés

Christmas.

Pronunciación

Krísmes.

Español

El Día de la Navidad.

OATH OF ALLEGIANCE
ÓUZ OV ELÍYENS
JURAMENTO DE LEALTAD

El Proceso de Naturalización culmina con una citación para tomar el Juramento de Lealtad a los Estados Unidos así como La Promesa de Lealtad a la Bandera. Por lo que Ud. debe conocerlos y ser capáz de repetirlos el día de la Jura para la adquisición de la Ciudadanía Americana.

I Hereby declare on oath, that I absolutely
Aí jiarbái díkler on óuz dát ái ábsolutli
Yo por este medio declaro bajo Juramento que yo absolutamente

and entirely renounce and abjure all allegiance
and entáireli rináuns and abyúr ól elíyens
y enteramente renuncio y abjuro toda lealtad

and fidelity to any foreing Prince, Potentate
and fidéliti tu éni fóren príns, pótenteit
y fidelidad a cualquier Príncipe extranjero, Potentado,

State or sovereignty of whom or which
stéit or sóvrenti ov júm or uích
Estado o soberanía de la cual

I have heretofore been a subject or
ai jav jíartufor bín e sóbyect or
Yo he hasta el presente sido subdito o

Citizen that I will support and
sítizen dat ái uíl séport and
Ciudadano, que yo apoyaré y

Continue....

defend the Constitution and Laws of the
difénd de Konstetúshon and lós ov
de defenderé la Costitución y las Leyes de los

United States of America against all enemies
lúnaited stéits ov amérika aguénst ól énemis
Estados Unidos de América en contra de todos los enemigos

foreign and domestic, that I will bear true
fóren and doméstik dat ái uíl ber trú
extranjeros y nacionales, que yo sostendré verdadera

faith and allegiance to the same; that I
féiz and elíyens tu de séim; dat ái
fé y lealtad a la misma; que yo

will bear arms on behalf of the United States
uíl ber árms on bijáf ov de iúnaited stéits
pelearé con las armas a favor de los Estados Unidos

or perform noncombatant service in
or pérform nónkombatent sérvis in
o desempeñaré servicios no combatientes en

the Armed Forces of the United States when
de ármd fórz ov de iúnaited stéits uén
las Fuerzas Armadas de los Estados Unidos cuando

required by law; and that I take this
ríkuaerd bái ló and dat ái téik dis
esto sea requerido por la Ley y que yo acepto esta

Obligation freely without any mental reservation
obliguéshon fríli uídaut éni méntal réserveshon
obligación libremente sin ninguna reserva menta.

or purpose of evasion; so help me God
or pérpes ov íveishon só jelp mi gád
o propósito de evasión así Dios me salve.

Continue....

PLEDGE OF ALLEGIANCE TO THE FLAG
PLÉASH OV ELÍYENS TU DE FLAG
PROMESA DE LEALTAD A LA BANDERA

Audio Visual Language, Inc.

Al final del Juramento de Lealtad deberá decir también la Promesa de Lealtad a la Bandera, por lo que se lo debe aprender.

I Pledge allegiance to the flag
ái pléash elíyens tu de flág
Yo prometo lealtad a la Bandera

of the United States of America, and
ov de iúnaited stéits ov amérika, and
de los Estados Unidos de América y

to the republic for which it stands
tu de ripóblik for uích it stands
a la República que representa

one Nation under God, indivisible,
uán néishon onder gad, índivisibel
una Nación bajo Dios, indivisible

with liberty and justice for all
uíz líberti and yóstiz for ól
con Libertad y Justicia para todos.

Continue....

PREAMBLE OF THE CONSTITUTION OF THE UNITED STATES OF AMERICA

PRÍAMBOL OV DE KÓSTETUSHON OV DE IÚNAITED STÉITS OV AMÉRICA

PREAMBULO DE LA CONSTITUCIÓN DE LOS ESTADOS UNIDOS DE AMÉRICA

We the people of the United States,
uí de pípol ov de iúnaited Stéits
Nosotros el Pueblo de los Estados Unidos

in order to form a more perfect, Union
in órder tu form e mor pérfect iúnion
con el fin de formar una Unión más perfecta,

stablish Justice, insure domestic tranquility
stáblich yóstis, inchúar doméstik tranquíliti
establecer la justicia, asegurar la tranquilidad nacional

provide for the common defense,
prováid for de kómon diféns
proporcionar los medios para la defensa común

promote the general walfare and secure
prémout de yéneral uélfear and sekíur
fomentar el bienestar general y asegurar

the blessing of liberty to ourselves
de blésin ov líberti tu áuarselvs
la bendición de la libertad para nosotros

and our posterity, do ordain and establish
and aúar postériti du ordéin and estáblich
y nuestra posteridad, ordenamos y establecemos

Continue....

this Constitution for the United States of America
dis Kónstetushon for de iúnaited Stéits ov América
esta Constitución para los Estados Unidos de América.

Good Luck
Gud Lóĸ
Buena Suerte

FIN - END

Made in the USA
Middletown, DE
07 November 2020